Ernest Mason Satow

Japanese Chronological Tables

Ernest Mason Satow

Japanese Chronological Tables

ISBN/EAN: 9783337169381

Printed in Europe, USA, Canada, Australia, Japan

Cover: Foto ©ninafisch / pixelio.de

More available books at **www.hansebooks.com**

JAPANESE CHRONOLOGICAL

TABLES.

Compiled by

E. M. S.

YEDO 1874.
PRINTED FOR PRIVATE DISTRIBUTION.

INTRODUCTION.

The tables herein contained are derived mainly from the Shinsen Nempiō (新選年表), Dōmō Hitsudoku (童蒙必讀) and Honchō Nendaiki (本朝年代紀). The second of these works is considered an unerring guide in matters of pronunciation, and has been followed exactly, with the exception of not pronouncing 元 *guen* instead of *gen*, which is the usual pronunciation.

Table I, containing the names of the years of the cycle, is needed because Japanese authors often give the cyclical year of a *Nengō*, omitting the numeral year, as for example 康平癸卯年. By referring to this table the numerical value of 癸卯 is found to be 40. In Table II under 康 and opposite to 平 is found 戊戌 1058. The numerical value of 戊戌 is 35. From 40 take 35, remainder 5; 1058+5=1063, which is the date sought for.

In Table II, two numbers are placed opposite to each character which denotes a separate *Nengō*, the first being the year in which it commences, the second that in which it ends. It is a common practice with Japanese writers to say, for example, during 慶長 (*Keichō*), and the table gives the equivalent, namely 1596 to 1615. The characters in brackets are the *Nengō* of the *Hokuchō*, or Northern Court.

Table III contains the pronunciations of the *Nengō* arranged alphabetically, and is intended for the use of those who are not familiar with the radicals.

Table IV is a synopsis of the *nengō*, the *Mikados* and the *Shōguns*. When two pronunciations are found linked together the upper one rests on the authority of the Dōmō Hitsudoku, the lower on that of the Hakubutsu-sen (博物筌), published in 1768. As a general rule, Japanese are not acquainted with the correct pronunciation either of *Nengō*, or of the *Mikados*' historical names (*okurina*), and, with the exception of *Kokugakusha*, they will be found to prefer the pronunciation of the Hakubutsu-sen to that of the Dōmō Hitsudoku. The month and day of the commencement of each *Nengō* are also given. The 12th month of a Japanese year usually falls later than the European New Year, and thus the dates at which the *Nengō* begin and end are sometimes wrong by one year. To make the correction with exactness would necessitate calculating the Japanese New Year's day for the last 12 centuries, but the value of the result would scarcely compensate for the labour. The name in brackets under the historical name of a *Mikado* is, in cases where it ends with the word *Mikoto*, the native historical name, in other cases it is the personal name (*imi-na*). The name in brackets under that of each of the Ashikaga and Tokugawa Shōguns is the posthumous name.

Table V contains the names of the *Mikados* of the Hokuchô and their *Nengô*.
Table VI is a list of the historical names of all the *Mikados* in alphabetical order, exhibiting the duration of the reign of each.
Table VII is a list of the residences of the earlier *Mikados*, which will be useful to students of works on the native literature and the earlier historical records.
Table VIII contains the historical aliases of a few *Mikados*.
Table IX contains the historical and posthumous names of all the *Shôguns*, showing the length of time during which the title was held by each.
Table X is a list of the nine Generations (*kudai*) of the Hôjô Family, Regents under the 'Puppet' *Shôguns* of Kamakura.

TABLE. I.
THE CYCLE OF SIXTY YEARS.

#		Name	#		Name	#		Name
1	子甲	Kinoye Ne	21	申甲	Kinoye Saru	41	辰甲	Kinoye Tatsu
2	丑乙	Kinoto Ushi	22	酉乙	Kinoto Tori	42	巳乙	Kinoto Mi
3	寅丙	Hinoye Tora	23	戌丙	Hinoye Inu	43	午丙	Hinoye M'ma
4	卯丁	Hinoto U	24	亥丁	Hinoto I	44	未丁	Hinoto Hitsuji
5	辰戊	Tsuchinoye Tatsu	25	子戊	Tsuchinoye Ne	45	申戊	Tsuchinoye Saru
6	巳己	Tsuchinoto Mi	26	丑己	Tsuchinoto Ushi	46	酉己	Tsuchinoto Tori
7	午庚	Kanoye M'ma	27	寅庚	Kanoye Tora	47	戌庚	Kanoye Inu
8	未辛	Kanoto Hitsuji	28	卯辛	Kanoto U	48	亥辛	Kanoto I
9	申壬	Midzunoye Saru	29	辰壬	Midzunoye Tatsu	49	子壬	Midzunoye Ne
10	酉癸	Midzunoto Tori	30	巳癸	Midzunoto Mi	50	丑癸	Midzunoto Ushi
11	戌甲	Kinoye Inu	31	午甲	Kinoye M'ma	51	寅甲	Kinoye Tora
12	亥乙	Kinoto I	32	未乙	Kinoto Hitsuji	52	卯乙	Kinoto U
13	子丙	Hinoye Ne	33	申丙	Hinoye Saru	53	辰丙	Hinoye Tatsu
14	丑丁	Hinoto Ushi	34	酉丁	Hinoto Tori	54	巳丁	Hinoto Mi
15	寅戊	Tsuchinoye Tora	35	戌戊	Tsuchinoye Inu	55	午戊	Tsuchinoye M'ma
16	卯己	Tsuchinoto U	36	亥己	Tsuchinoto I	56	未己	Tsuchinoto Hitsuji
17	辰庚	Kanoye Tatsu	37	子庚	Kanoye Ne	57	申庚	Kanoye Saru
18	巳辛	Kanoto Mi	38	丑辛	Kanoto Ushi	58	酉辛	Kanoto Tori
19	午壬	Midzunoye M'ma	39	寅壬	Midzunoye Tora	59	戌壬	Midzunoye Inu
20	未癸	Midzunoto Hitsuji	40	卯癸	Midzunoto U	60	亥癸	Midzunoto I

TABLE. II.
NENGO.

久安		元		應	己丑 1169	平	己巳 729	安	乙未 1175
	乙丑 1145	中	甲子 1384	承	1171	字	749	元	1177
壽	1151	久	1393	曆	丙戌 1106	寶	丁酉 757	政	甲寅 1854
	甲戌 1154	亨	甲子 1204	永	1108	平	765	永	壬辰 1860
	1156	仁	辛酉 1206	祥	丙寅 1326	神	乙巳 765	和	1772
乾		弘	甲申 1321	禎	戊申 1329	護	己巳 767	貞	戊辰 1781
元	壬寅 1302	德	辛未 1324		1848	平	749		968
	1303	慶	己巳 1224		戊辰 1854	勝	癸酉 757		970
亨		應	丁酉 1225		848	寶	丁巳 973	寬	丁亥 1227
祿	戊子 1528	文	1331		851	延	976		1229
	1532	曆	1334		乙未 1235	德	戊戌 957	元	
享		永	己巳 1329		1238	慶	辛酉 961		癸卯 1243
保	丙申 1716	治	丁酉 1331		乙酉 1225	應	辛亥 938	仁	丁巳 1247
德	壬申 1736	祿	877		1227		947	保	辛酉 1017
和	辛酉 1452	和	885	壽		承	乙卯 781	喜	己丑 1021
	1455	龜	己未 1319	永	壬寅 1182	授	782	平	己酉 1741
仁		嘉	丙辰 1321		1184		1131	延	戊辰 1744
壽	辛酉 1801	元	甲申 1736	大		文	壬辰 1132	弘	1229
	1804	保	戊戌 1741	化	乙巳 645	明	辛丑 1375	德	甲申 1232
安		吉	甲子 1184	同	丙戌 650	曆	丁未 1381	政	889
平	辛未 851	慶	乙卯 1185	寶	806	正	癸酉 1532	文	898
治	丙戌 854		戊戌 1118	永	810	永	庚寅 1555	正	戊辰 1748
	1166		1120	治	辛丑 701	治	甲辰 1781	永	1751
和	辛未 1169		甲子 1864		704	祿	庚午 1789	治	甲辰 1004
保			1865	天	辛巳 1521	福	癸巳 947	和	甲申 1012
	1151		戊辰 1688	元	1528	和	辛酉 957		1044
元	1154		乙卯 1704	仁	丙午 1126	長	甲辰 1573		己酉 1046
安	庚子 1240		1615	保	1131	祿	1592		1789
延	乙巳 1243		庚午 1624				庚寅 1110		辛丑 1801
	885		癸卯 1570		戊寅 978		1113		庚辰 1661
	889		1573		983		甲辰 1124		1673
	丙子 1156		癸卯 1303		戊子 1108		1126		甲辰 1460
	1159		甲戌 1306		庚寅 1110		970		1466
	庚子 1120		1094		癸巳 1830		973		甲子 1624
	1124		1096		1844		1233		丁卯 1644
	1135		辛酉 1441		1053		1234		1087
	乙卯 1141		丁卯 1444		1058		辛酉 1681		乙卯 1094
			1387		丁丑 857		甲子 1684		985
			1389		859		824		987
							834		
							1144		
							1145		

宝		延		永	丙 1206	保	辛 1161	保	丁 1317
德	己 1449	久	己 1069	治	寅 1207 乙 1275	安	巳 1163 戊 1368	化	巳 1319 甲 1804
曆	巳 1452 辛 1751	享	酉 1074 甲 1744	長	亥 1278 己 1249	德	申 1375 甲 1084	安	子 1818 甲 1444
永	未 1764 甲 1704	元	子 1748 丙 1336	弘	酉 1256	永	子 1087 甲 1394	應	子 1449 庚 1260
治	申 1711 丁 1247	亨	子 1340 辛 901	仁	庚 810	和	戌 1428 辛 961	政	申 1261 戊 1818
龜	未 1249 庚 770	寶	酉 923 癸 1673	化	寅 824 甲 1844	長	酉 964 辛 1311	明	寅 1830 己 1469
平	戌 781	德	丑 1681 己 1489	安	辰 1848 戊 1278	承	亥 1312	曆	丑 1487 甲 1234
治	己 1159	慶	酉 1492 戊 1308	治	寅 1288 乙 1555	久	己 1219	正	午 1235 丙 1466
康	卯 1160	應	申 1311 己 1239	和	卯 1558 辛 1381	元	卯 1222 丁 1207	永	戌 1467 甲 1264
元	丙 1256	文	亥 1240 丙 1356	長	酉 1384 辛 1261	保	甲 1211 寅 1074	治	子 1275 乙 1185
保	辰 1257 甲 964	曆	申 1361 壬 782	德	酉 1264	安	辛 1077 卯 1171	和	巳 1190 壬 1352
安	子 968 辛 1361	長	戌 806 癸 923	治	丙 1306	平	辛 1175 931	禄	辰 1356 壬 1592
平	丑 1362 戊 1058	建	未 931	慶	午 1308	德	卯 938 丁 1097	龜	辰 1596 辛 1501
應	戌 1065 己 1389	久	庚 1190	安	戊 1648	應	丑 1099 壬 1652	明	酉 1504
曆	巳 1390 己 1379	仁	戌 1199 辛 1201	應	子 1652 乙 1865	曆	辰 1655 丁 1077	德	庚 1390
正	未 1381 乙 1455	保	酉 1204 癸 1213	長	丑 1808 丙 1596	和	巳 1081 甲 834	應	午 1394 壬 1492
永	亥 1457 壬 1342	德	酉 1219 庚 1370	雲	申 1615 甲 704	文	寅 848	曆	子 1501 乙 1655
治	午 1345 壬 1142	曆	戌 1372 辛 1211	應	辰 708	中	壬 1372 子 1375	治	未 1658 戊 1868
和	戌 1144 己 1099	武	未 1213 甲 1334	仁	丁 1467	久	辛 1861 酉 1864	和	辰 1764 甲 1772
	卯 1104		戌 1336		亥 1469				申

| 昌泰 仁(応) 朱雀 鳥 正 中 保 元 嘉安 平 徳 応 暦 | 戊午 戊戌 戊寅 壬申 丙戌 甲子 甲申 己未 丁巳 己亥 丙戌 辛卯 壬申 戊子 庚寅 | 898 901 1238 1239 1338 1342 672 686 701 1324 1326 1644 1648 1259 1260 1257 1259 1299 1302 1346 1370 1711 1716 1332 1336 1288 1293 990 995 | 治承 長 永久 亨 仁 保 延(徳) 承暦 正治 祚 禄(和) 万 観 | 己未 壬子 戊申 癸酉 己酉 癸巳 辛酉 丁亥 辛酉 丙戌 庚辰 甲子 辛酉 己丑 戊午 乙卯 乙酉 癸未 | 1199 1201 1312 1317 1428 1429 1113 1118 1429 1441 1293 1299 1081 1084 987 989 1381 1384 1046 1053 1100 1161 1504 1521 1141 1142 989 990 1558 1570 1575 1579 1165 1166 983 985 | 長治 安 承暦 白雉 鳳 神 雲 禄 亀 銅 至(徳) 興 国 万寿 | 丙子 辛酉 丁酉 乙巳 庚戌 癸酉 丁未 甲子 戊申 甲子 庚辰 甲子 | 1096 1097 1021 1024 1177 1181 1065 1069 650 654 673 686 707 770 724 729 708 715 1384 1387 1340 1346 1024 1028 | 延治 観(応) 貞 元亨 応 永 治(和) 観 長 久亨 保 元 寛 徳 | 庚申 戊戌 庚寅 丙子 甲子 壬午 壬辰 丙寅 乙酉 己卯 庚辰 丁未 己亥 戊辰 癸未 乙未 | 1860 1861 1658 1661 1350 1352 076 078 1684 1688 1222 1224 1232 1233 1302 1308 1345 1350 459 477 1040 1044 1487 1489 999 1004 1028 1037 1163 1165 995 999 | 承暦 治 禄 和 寛 養 和 老 斉衡 | 壬子 丁丑 甲申 丁丑 壬子 乙卯 辛丑 丁巳 甲戌 | 1132 1135 1037 1040 1104 1106 1457 1460 1012 1017 715 717 1181 1182 717 724 854 857 |

TABLE III.

NENGO ARRANGED ALPHABETICALLY.

Angen	1175 / 1177	安元	Chôbô	999 / 1004	長保	Genji	1864 / 1865	元治
Ansei	1854 / 1860	安政	Chôgen	1028 / 1037	長元	Genkei	877 / 885	元慶
Antei	1227 / 1229	安貞	Chôguan	1163 / 1165	長寛	Genki	1570 / 1573	元龜
Anwa	968 / 970	安和	Chôhô	999 / 1004	長保	Genkiu	1204 / 1206	元久
Anyei	1772 / 1781	安永	Chôji	1104 / 1106	長治	Genkô	1321 / 1324	元亨
Bioji	1159 / 1160	平治	Chôjô	1132 / 1135	長承	Genkô	1331 / 1334	元弘
Bumpô	1317 / 1319	文保	Chôkiu	040 / 1044	長久	Gennin	1224 / 1225	元仁
Bummei	1469 / 1487	文明	Chôkô	1487 / 1489	長亨	Genô	1319 / 1321	元應
Bunan	1444 / 1449	文安	Chôkuan	1163 / 1165	長寛	Genriaku	1184 / 1185	元曆
Bunchiu	1372 / 1375	文中	Chôreki	1037 / 1040	長曆	Genroku	1688 / 1704	元祿
Bunji	1185 / 1190	文治	Chôriaku	1037 / 1040	長曆	Gentoku	1329 / 1331	元德
Bunki	1501 / 1504	文龜	Chôroku	1457 / 1460	長祿	Genwa	1615 / 1624	元和
Bunkiu	1861 / 1864	文久	Chôtoku	995 / 999	長德	Genyei	1118 / 1120	元永
Bunkua	1804 / 1818	文化	Chôwa	1012 / 1017	長和	Guangiô	877 / 885	元慶
Bunô	1260 / 1261	文應	Daidô	806 / 810	大同	Hakuchi	650 / 655	白雉
Bunreki	1234 / 1235	文曆	Daihô	701 / 704	大寶	Hakuhô	673 / 686	白鳳
Bunroku	1592 / 1596	文祿	Daiji	1126 / 1131	大治	Heiji	1159 / 1160	平治
Bunsei	1818 / 1830	文政	Daikua	645 / 650	大化	Hôan	1120 / 1124	保安
Bunshô	1466 / 1467	文正	Daiyei	1521 / 1528	大永	Hôgen	1156 / 1159	保元
Bunwa	1352 / 1356	文和	Gembun	1736 / 1741	元文	Hôji	1247 / 1249	寶治
Bunyei	1264 / 1275	文永	Genchiu	1384 / 1393	元中	Hôki	770 / 781	寶龜

Hōreki	1751/1764	寶曆	Jōō	1222/1224	貞應	Kasō	1106/1108	嘉承
Hōtoku	1449/1452	寶德	Jōō	1652/1655	承應	Katei	1235/1238	嘉禎
Hōyei	1704/1711	寶永	Jōriaku	990/995	正曆	Kayei	1848/1854	嘉永
Hōyen	1135/1141	保延	Jōriaku	1077/1081	承曆	Keian	1648/1652	慶安
Jian	1021/1024	治安	Jōtoku	1097/1099	承德	Keichō	1596/1615	慶長
Jingo-Keiun	767/770	神護慶雲	Jōwa	834/848	承和	Keiō	1865/1868	慶應
Jinki	724/729	神龜	Jōwa	1345/1350	貞和	Keiun	704/708	慶雲
Jireki	1065/1069	治曆	Jōyei	1232/1233	貞永	Kemmu	1334/1338	建武
Jiriaku	1065/1069	治曆	Jōyō	1232/1233	貞永	Kempō	1213/1219	建保
Jishō	1177/1181	治承	Kagen	1303/1306	嘉元	Kenchō	1249/1256	建長
Jiuyei	1182/1185	壽永	Kahō	1094/1096	嘉保	Kongen	1302/1303	乾元
Jōan	1171/1175	承安	Kajō	848/851	嘉祥	Kenji	1275/1278	建治
Jōgen	976/978	貞元	Kakei	1387/1389	嘉慶	Kenkyū	1190/1199	建久
Jōgen	1207/1211	承元	Kakyō	1387/1389	嘉慶	Kennin	1201/1204	建仁
Jōguan	859/877	貞觀	Kakitsu	1441/1444	嘉吉	Kenriaku	1211/1213	建曆
Jōhei	931/938	承平	Kaō	1169/1171	嘉應	Kentoku	1370/1372	建德
Jōhō	1074/1077	承保	Kareki	1326/1329	嘉曆	Kenyei	1206/1207	建永
Jōji	1362/1368	貞治	Kariaku	1326/1329	嘉曆	Kenyō	1206/1207	建永
Jōkyō	1684/1688	貞享	Karoku	1225/1227	嘉祿	Kōchō	1596/1615	慶長
Jōkiu	1219/1222	承久	Kashō	848/851	嘉祥	Kōhō	1716/1736	享保
Jōkuan	859/877	貞觀	Kashō	1106/1108	嘉承	Kōtoku	1452/1455	享德

Kióun	704/708	慶雲	Kôtoku	1452/1455	享德	Manji	1658/1661	萬治
Kiówa	1801/1804	享和	Kôwa	1099/1104	康和	Manjiu	1024/1028	萬壽
Kiuan	1145/1151	久安	Kôwa	1381/1384	弘和	Manyen	1860/1861	萬延
Kiujiu	1154/1156	久壽	Kôyei	1342/1345	康永	Meiji	1868	明治
Kôan	1278/1288	弘安	Kuambun	1661/1673	寛文	Meiô	1492/1501	明應
Kôan	1361/1362	康安	Kuambei	889/898	寛平	Meireki	1655/1658	明暦
Kôbei	1058/1065	康平	Kuampei	889/898	寛平	Meitoku	1390/1394	明德
Kôchô	1261/1264	弘長	Kuampô	1741/1744	寛保	Meiwa	1764/1772	明和
Kôgen	1256/1257	康元	Kuangen	1243/1247	寛元	Mouriaku	1234/1235	文暦
Kôhei	1058/1065	康平	Kuangi	1229/1232	寛喜	Nimpei	1151/1154	仁平
Kôhô	964/968	康保	Kuanji	1087/1094	寛治	Nimpiô	1151/1154	仁平
Kôji	1142/1144	康治	Kuanki	1229/1232	寛喜	Ninan	1166/1169	仁安
Kôji	1555/1558	弘治	Kuankô	1004/1012	寛弘	Ninji	1240/1243	仁治
Kôkoku	1340/1346	興國	Kuannin	1017/1021	寛仁	Ninjiu	851/854	仁壽
Kôkua	1844/1848	弘化	Kuanô	1350/1352	観應	Ninwa	885/889	仁和
Kônin	810/824	弘仁	Kuansei	1789/1801	寛政	Ôan	1368/1375	應安
Kôô	1389/1390	康應	Kuanshô	1460/1466	寛正	Ôchô	1311/1312	應長
Kôreki	1379/1381	康暦	Kuantoku	1044/1046	寛德	Ôhô	1161/1163	應保
Kôriaku	1379/1381	康暦	Kuanwa	985/987	寛和	Ônin	1467/1469	應仁
Kôriaku	1528/1532	享禄	Kuanyei	1624/1644	寛永	Ôtoku	1084/1087	應德
Kôshô	1455/1457	康正	Kuanyen	1748/1751	寛延	Ôwa	961/964	應和

Ōyei	1394 1428	應永	Shōkiu	1219 1222	承久	Tempei-Shōhō	749 757	天平勝寶
Reiki	715 717	靈龜	Shōō	1288 1293	正應	Tempiō	729 749	天平
Rekinin	1238 1239	曆仁	Shōō	1652 1655	承應	Tempō	1830 1844	天保
Rekiō	1338 1342	曆應	Shōreki	990 995	正曆	Tempuku	1233 1234	天福
Riakunin	1238 1239	曆仁	Shōreki	1077 1081	承曆	Tenan	857 859	天安
Riakuō	1338 1342	曆應	Shōtai	898 901	昌泰	Tenchō	824 834	天長
Saikō	854 857	齊衡	Shōtoku	1097 1099	承德	Tengen	978 983	天元
Shitoku	1384 1387	至德	Shōtoku	1711 1716	正德	Tengi	1053 1058	天喜
Shōan	1171 1175	承安	Shōwa	834 848	承和	Tengiō	938 947	天慶
Shōan	1299 1302	正安	Shōwa	1312 1317	正和	Tenji	1124 1126	天治
Shōchiu	1324 1326	正中	Shuchō	686 701	朱鳥	Tenju	1375 1381	天授
Shōchō	1428 1429	正長	Shujaku	672	朱雀	Tenjō	824 834	天長
Shōgen	1259 1260	正元	Suchō	686 701	朱鳥	Tenjō	1131 1132	天承
Shōhei	931 938	承平	Sujaku	672	朱雀	Tenki	1053 1058	天喜
Shōhei	1346 1370	正平	Taiji	1126 1131	大治	Tennin	1108 1110	天仁
Shōhō	1074 1077	承保	Tembiō	729 749	天平	Tenuō	781 782	天應
Shōhō	1644 1648	正保	Tembiō-Hōji	757 765	天平寶字	Tenreki	947 957	天曆
Shōji	1199 1201	正治	Tembiō-Jingo	765 767	天平神護	Tenriaku	947 957	天曆
Shōka	1257 1259	正嘉	Tembiō-Shōhō	749 757	天平勝寶	Tenroku	970 973	天祿
Shōkei	1332 1333	正慶	Tembun	1532 1555	天文	Tenshō	1131 1132	天承
Shōkiō	1332 1333	正慶	Temmei	1781 1789	天明	Tenshō	1573 1592	天正

Tentoku	957/961	天德	Yeitoku	1381/1384	永德	Yôman	1165/1166	永萬
Tenwa	1681/1684	天和	Yeiwa	1375/1379	永和	Yôriaku	1160/1161	永曆
Tenyei	1110/1113	天永	Yeiyen	987/989	永延	Yôrô	717/724	養老
Tenyen	973/976	天延	Yembun	1356/1361	延文	Yôsô	989/990	養祚
Tenyô	1110/1113	天永	Yempô	1673/1681	延寶	Yôtoku	1084/1087	應德
Tenyô	1144/1145	天養	Yenchô	923/931	延長	Yôwa	1181/1182	養和
Tokuji	1306/1308	德治	Yengen	1336/1340	延元	Yôyen	987/989	永延
Wadô	708/715	和銅	Yengi	901/923	延喜			
Yeichô	1096/1097	永長	Yenjô	923/931	延長			
Yeihô	1081/1084	永保	Yenkei	1308/1311	延慶			
Yeiji	1141/1142	永治	Yenkiô	1308/1311	延慶			
Yeikiô	1429/1441	永享	Yenkiô	1744/1748	延享			
Yeikîu	1113/1118	永久	Yenkiu	1069/1074	延久			
Yeikwan	983/985	永觀	Yenô	1239/1240	延應			
Yeiman	1165/1166	永萬	Yenriaku	782/806	延曆			
Yeinin	1293/1299	永仁	Yentoku	1489/1492	延德			
Yeireki	1160/1161	永曆	Yôbô	1081/1084	永保			
Yeiroku	1558/1570	永祿	Yôchô	1096/1097	永長			
Yeishô	1046/1053	永承	Yôjô	1046/1053	永承			
Yeishô	1504/1521	永正	Yôkiu	1113/1118	永久			
Yeiso	989/990	永祚	Yôkuan	983/985	永觀			

TABLE IV.

Amaterasu oho-mi-kami (the sun-goddess).
Ame-no-oshi-ho-mimi no mikoto (adopted son of Amaterasu oho-mi-kami).
Hiko-ho-no-ninigi no mikoto (descended from Heaven upon Takachi-ho no miné in the province of Hiuga, now called Kirishima yama).
Hiko-ho-ho-demi no mikoto (residence at the palace of Takachiho. Reigned 580 years.)
Take-u-kaya-fuki-ahezu no mikoto (residence same as above).

No	Historical name.		Birth.	Accession	Death.	Age.
1	神武天皇 神倭伊波禮毘古火火出見命	Jimmu Tennô (Kamu-yamato-iware-hiko-ho-ho-demi no-mikoto).	711	660	585.3.11	127
2	綏靖天皇 神渟名川耳命	Suizei Tennô (Kamu-nu-na-kawa-mi-mi no mikoto).	632	581	549.5.10	84
3	安寧天皇 磯城津彦玉手見命	Annei Tennô (Shiki-tsu-hiko-tama-temi no mikoto).	567	548	511.12.6	57
4	懿德天皇 大倭彦耜友命	Itoku Tennô (Oho-yamato-hiko-su-ki-tomo no mikoto).	553	510	477.9.8	77
5	孝昭天皇 御眞津彦訶惠志泥命	Kôshô Tennô (Mi-matsu-hiko-kaye-shi-ne no mikoto).	506	475	393.8.5	114
6	孝安天皇 大倭帶彦國押人命	Kôan Tennô (Yamato-tarashi-hiko-kuni-oshi-bito no mikoto).	427	392	291.1.9	137
7	孝靈天皇 大倭根子彦太瓊命	Kôrei Tennô (Oho-yamato-neko-futo-ni no mikoto).	342	290	215.2.8	128
8	孝元天皇 大倭根子彦國玖琉命	Kôgen Tennô (Oho-yamato-neko-hiko kuni-kuru no mikoto).	274	214	158.9.2	117
9	開化天皇 稚倭根子彦大毘毘命	Kaikua Tennô (Waka-yamato-neko hi-ko-oho-hihi no miko-to).	212	157	98.4.9	115
10	崇神天皇 御眞木入彦印惠命	Sûjin Tennô / Shujin Tennô (Mi-maki-iri-hiko-i-ni-ye no mikoto).	149	97	30.2.5	120
11	垂仁天皇 活目入彦五十狹茅命	Suinin Tennô (Iku-me-iri-hiko-i-sa-chi no mikoto).	70	29	A.D. 70.7.3	141

			A. D.		
12	景行天皇 大足彦忍代別命	Keikó Tennô (Oho-tarashi-hiko-o-shi-ro-wake no mikoto).	12	71	130.11.7	143
13	成務天皇 稚足彦命	Seimu Tennô (Waka-tarashi-hiko no mikoto).	83	A. D. 131	190.6.11	108
14	仲哀天皇 帶中彦命	Chiuai Tennô (Tarashi-nakatsu-hiko no mikoto).	149	192	200.2.6	52
15	神功皇后 息長帶比賣命	Jingô Kôgu * (Oki-naga-tarashi-hime no mikoto).	170	201	269.4.17	100
16	應神皇天 品陀別命	Ôjin Tennô (Homu-take-wake no mikoto).	200	270	310.2.15	111
17	仁德天皇 大雀命	Nintoku Tennô (Ohosasagi no mikoto)	278	313	399.1.16	122
18	履中天皇 伊邪本別命	Richiu Tennô (Iza-ho-wake no mikoto).	329	400	405.3.15	77
19	反正天皇 水齒別命	Hanzei Tennô / Hanshô Tennô (Midzu-ha-wake no mikoto).	352	406	411.1.23	60
20	允恭天皇 男淺津間若子宿禰命	Ingiô Tennô (O-asa-tsu-ma-waku-go-no-sukune no mikoto)	374	412	453.1.14	80
21	安康天皇 穴穗御子命	Ankô Tennô (Ana-ho-no-mi-ko no mikoto).	401	454	456.8.9	56
22	雄畧天皇 大長谷若建命	Yûriaku Tennô (Oho-hadzu-se-waka-tuke no mikoto).	418	457	479.8.7	62
23	淸寧天皇 白髮大倭根子命	Seinei Tennô (Shiraga-yama-to-neko no mikoto).	443	480	484.1.16	42

* Empress.

	角刺天皇 飯豐青姬命	Tsunuzashi Tennô (Ii-toyo-awo-hime no mikoto).	440	484	484.11	45
24	顯宗天皇 袁祁之石巢別命	Kenzô Tennô (Woke-no-iwasu-wake no mikoto).	450	485	487.4.25	38
25	仁賢天皇 意富祁	Ninken Tennô (Oho-shi).	448	488	498.8.8	51
26	武烈天皇 小長谷若雀命	Muretsu Tennô (Wo-hatsu-se-waka-sasagi no mikoto).	450	499	506.12.8	57
27	繼體天皇 袁本杼命	{Keitei Tennô {Keitai Tennô (Wo-hodo no mikoto).	450	507	531.2.7	82
28	安閑天皇 勾大兄又 廣國押武金日命	Ankan Tennô (Magari-ohoye or Hirokuni-oshi-take-kanahi no mikoto).	466	534	535.12.7	70
29	宣化天皇 檜隈高田又 建小廣國押楯命	Senkua Tennô (Hinokumatakata or Take-wo-hiro-kuni-oshi-tate no mikoto).	467	536	539.2.10	73
30	欽明天皇 天國押波流岐廣庭命	Kimmei Tennô (Ama-kuni-oshiheru-ki-hiro-niwa no mikoto).	509	540	571.4.15	63
31	敏達天皇 譯語田又 沼中倉太玉敷命	{Bidatsu Tennô {Bindatsu Tennô (Osada or Nuna-kura-futo-tama-shiki no mikoto).	538	572	585.8.15	48
32	用明天皇 大兄又 橘豐日命	Yômei Tennô (Ohoyo or Tachibana-toyo-hi no mikoto).	519	586	587.4.9	69
33	崇峻天皇 長谷部若雀命	Sujun Tennô (Hatsusebé-waka-sasagi no mikoto).	520	588	592.11.3	73
34	推古天皇 額田部又 豐御食炊屋姬命	Suiko Tennô * (Nukada-be or Toyo-mi-ke-kashigi-yahime no mikoto).	554	593	628.3.7	75

*Empress.

35	舒明天皇 田村又 息長足日廣額命			Jomei Tennô (Tamura or Oki-naga-tarashi-hi-hiro-nuka no mikoto).	593	629	641.10.9	49
36				皇極天皇 天豐財重日足姬命 Kôgioku Tennô * (Ame-toyo-takara-ika-shi-hi-tarashi-hime no mikoto).	594	642	abdicated 645	68
37	645 650.2 [This nengô lasted 5 years, ofter which there were none during two successive reigns].	大化 白雉	Daikua. Hakuchi.	孝德天皇 輕皇子命又 天萬豐日命 Kôtoku Tennô (Karu-no-miko no mikoto or Ama-yorodzu-toyo-hi no mikoto).	596	645	654.10.10	59
38				齊明天皇 Saimei Tennô * [The empress Kôgioku restored.]		655	661.7.24	
39				天智天皇 中大兄又 葛城又 天命開別命 Tenchi Tennô (Nakatsu-Ohoye or Katsuraki or Ame-mikoto-hirakasu wa-ke no mikoto).	614	668	671.12.3	58
40	672	朱雀	{ Sujaku or Shu-jaku	弘文天皇 大友 Kôbun Tennô (Ohotomo)	648	672	672.7.23	25
41	673	白鳳	Hakuhô	天武天皇 大海人又 天渟中原瀛 眞人命 Temmu Tennô (Ohoama or Ama-no-nuna-hara-oki-no-mabito no mikoto).	622	673	686.9.9	65
	686	朱鳥	{ Suchô or Shu-chô					

* Empress.

(Chidô Tennô * Jitô Tennô (Unosasara no mikoto, or Ta-kama-no-hara-hironu - hime no mikoto).	645		699.12.22	58
Mommu Tennô (Karu no mikoto, or Ame- no - ma- mune- to-yo-oho-ji no mikoto).	683		715	25
(Gemmei Tennô Gemmiô Ten-nô * (Abe no mikoto, or Yamato-ne-no-amatsu-mi-shiro-toyo-ku-ni - nari - hime no mikoto). [abdicated 715.]	661			
Genshô Tennô * (Iidaka no mi-koto, or Ya-mato - ne - ko-taka – midzu-kiyo - tarashi - hime no miko-to). [abdicated 723.]	680	715	748.4.21	69
Shômu Tennô (Ame - shirushi - kumi- oshi-hi-raki - toyo- sa-kura-hiko no mikoto). [ab-dicated 748.]	701	724	756.5.2	56

* Empress.

	729.8.5	天平	Tembiô / Tempiô					
47	749.4.4	天平勝寶	Tembiô Shôbô or Tempei Shôhô	孝謙天皇 阿陪	Kôken Tennô * (Ahe). [abdicated in 758.]	718	749	770.8.4	53
	757.8.18	天平寶字	Tembiô hôji						
48				淳仁天皇 大炊	Junnin Tennô Ohowi (Deposed in 764 by his predecessor).	733	758	765.10.23	33
49	765.1.7	天平神護	Tembiô jingo	稱德天皇	Shôtoku Tennô * (Kôken Tennô resumes the crown).		765		
	767.8.16	神護景雲	Jingo Keiun						
50	770.10.1	寶龜	Hôki	光仁天皇 白襞又 天宗高紹命	Kônin Tennô (Shirakabe or Ame-mune-takatsugu no mikoto).	709	770	781.12.23	73
	781.1.1	天應	Tenô						
51	782.8.19	延曆	Yenriaku	桓武天皇 山部命又 日本根子皇 統珍聚命	Kuammu Tennô (Yamanobe no mikoto, or Yamato-ne-kosuberagi-takara-teru no mikoto).	737	782	806.3.17	70
52	806.5.18	大同	Dai-dô	平城天皇 安殿命又 日本根子天 排國高彥命	Heizei Tennô also called Nara Tennô (Yasumi-dono no mikoto, or Yamato-ne-ko-ama-hi-raki-kuni-taka-hiko no mikoto) [abdicated in 809.]	774	806	824.7.7	51

* Empress.

53	810.9.19	弘仁	Kônin	嵯峨天皇 神野	Saga Tennô (Kamumu) [abdicated in 823.]	786	810	842.7.15	57
54	824.1.5	天長	(Tenjô (Tenchô	淳和天皇 大伴命又 天高讓彌遠 命	Junna Tennô (Ohotomo no mikoto, or Ametaka-yudzuri-iya-toho no mikoto) [abdicated in 833]	786	824	840.5.8	55
55	834.1.3	承和	(Jôwa (Shôwa	仁明天皇 正良又 天璽豐聰慧 命	Nimmiô Tennô (Masara, or Ameshirushi-toyo-sagashi no mikoto).	810	834	850.3.21	41
	848.6.13	嘉祥	(Kajô (Kashô						
56	851.4.28	仁壽	Ninjiu	文德天皇 道康	(Mondoku Tennô. { Montoku Tennô ((Michiyasu).	826	851	858.8.27	33
	854.11.30	齊衡	Saikô						
	857.2.21	天安	Tenan						
57	859.4.15	貞觀	(Jôguan (Jôkuan	清和天皇 惟仁	Seiwa Tennô (Korehito). [abdicated in 876].	850	859	880.12.4	31
58	877.4.16	元慶	(Guangiô (Genkei	陽成天皇 貞明	(Yôzei Tennô { Yôzei no In ((Sadaakira.) [abdicated in 884.]	868	877	949.9.29	82
59	885.2.21	仁和	Ninwa	光孝天皇 胎康	Kôkô Tennô (Tokiyasu).	830	885	887.8.26	58
60				宇多天皇 貞省	Uda Tennô (Sadami). [abdicated in 897.]	867	888	931.7.19	65

	889.4.27	寛平	(Kuam-bei Kuam-pei						
61	898.8.19	昌泰	Shôtai	醍醐天皇 敦仁	Daigo Tennô (Atsukimi).	885	898	930.9.29	46
	901.7.15	延喜	Yengi						
	923.4.11	延長	(Yenjô Yenchô						
62	931.4.26	承平	(Jôhei Shôhei	朱雀天皇 寛明	(Sujaku Tennô Shujaku no In (Yutaakira). [abdicated in 946]	923	931	952.8.15	30
	938.5.22	天慶	Tengiô						
63	947.4.21	天暦	(Tenriaku Tenreki	村上天皇 成明	Murakami Tennô (Nariakira).	926	947	967.5.25	42
	957.10.27	天徳	Tentoku						
	961.2.16	應和	Ôwa						
	964.4.27	康保	Kôhô						
64	968.8.12	安和	Anwa	冷泉天皇 憲平	(Reizei Tennô Reizei In (Norihira). [abdicated in 969]	950	968	1011.11.24	62
65	970.3.20	天禄	Tenroku	圓融天皇 守平	(Yenyû Tennô Yenyû In (Morihira). [abdicated in 984]	959	970	991.2.12	33
	973.12.20	天延	Tenyen						
	976.7.13	貞元	Jôgen						
	978.11.29	天元	Tengen						
	983.2.16	永観	(Yôkuan Yeikuan						

66	985.4.27	寛和	Kuanwa	花山天皇 師貞	(Kuazan Tennô (Kuazan no In (Morosada). [abdicated in 986.]	968	985	1008.2.8	41
67	987.4.5	永延	{ Yôyen { Yeiyen	一條天皇 懐仁	(Ichijô Tennô (Ichijô no In (Kanehito).	980	987	1011.6.22	32
	989.8.8	永祚	{ Yôso { Yeiso						
	990.11.7	正暦	{ Jôriaku { Shôreki						
	995.2.22	長德	Chôtoku						
	999.1.13	長保	{ Chôbô { Chôhô						
	1004.7.20	寛弘	Kuankô						
68	1012.10.25	長和	Chôwa	三條天皇 居貞	(Sanjô Tennô (Sanjô no In (Okisada). [abdicated 1015.]	976	1012	1017.5.9	42
69	1017.4.13	寛仁	Kuannin	後一條天皇 敦成	(Go-Ichijô Tennô (Go-Ichijô no In (Atsuhira).	1008	1017	1036.4.17	29
	1021.3.2	治安	Jian						
	1024.7.3	萬壽	Manjiu						
	1028.7.15	長元	Chôgen						
70	1037.4.21	長暦	{ Chôriaku { Chôreki	後朱雀天皇 敦良	{ Go-Sujaku Tennô { Go-Shujaku no In (Atsunaga).	1009	1037	1045.1.18	37
	1040.11.10	長久	Chôkiu						
	1044.11.24	寛德	Kuantoku						
71	1046.4.14	永承	{ Yôjô { Yeishô	後冷泉天皇 親仁	Go-Reizei Tennô Go-Reizei no In (Chikahito).	1025	1046	1068.4.16	44

	1053.3.11	天喜	Tengi / Tenki						
	1058.8.29	康平	Kôbei / Kôhei						
	1065.8.2	治曆	Jiriaku / Jireki						
72	1069.4.13	延久	Yenkiu	後三條天皇 尊仁	Go-Sanjô Tennô / Go-Sanjô no In (Takahito).	1033	1069	1073.5.7	41
73				白河天皇 貞仁	Shirakawa Tennô / Shirakawa no In (Sadahito). [abdicated 1086.]	1053	1073	1129 7.7	77
	1074.8.23	承保	Jôhô / Shôhô						
	1077.11.17	承曆	Jôriaku / Shôreki						
	1081.2.10	永保	Yôhô / Yeihô						
	1084.4.7	應德	Yôtoku / Ôtoku						
74	1087.2.7	寬治	Kuanji	堀河天皇 善仁	Horikawa Tennô / Horikawa no In (Taruhito).	1079	1087	1107.7.19	29
	1094.12.15	嘉保	Kahô						
	1096.12.17	永長	Yôchô / Yeichô						
	1097.11.21	承德	Jôtoku / Shôtoku						
	1099.8.28	康和	Kôwa						
	1104.2.10	長治	Chôji						
	1106.4.28	嘉承	Kasô / Kashô						

75	1108.8.3	天仁	Tennin	鳥羽天皇 宗仁	Toba Tennô Toba no In (Munehito). [abdicated 1123.]	1102	1108	1156.7.2	55
	1110.7.13	天永	Tenyô Tenyei						
	1113.7.12	永久	Yôkiu Yeikiu						
	1118.4.3	元永	Genyei						
	1120.4.10	保安	Iôan						
76	1124.4.3	天治	Tenji	崇德天皇 顯仁	Sutoku Tennô Shutoku no In (Akihito) [abdicated 1141.]	1119	1124	1164.8.26	46
	1126.1.22	大治	Daiji Taiji						
	1131.1.26	天承	Tenjô Tenshô						
	1132.8.11	長承	Chôjô						
	1135.4.27	保延	Hôyen						
	1141.7.10	永治	Yeiji						
77	1142.4.28	康治	Kôji	近衛天皇 體仁	Konye Tennô Konye no In (Narihito).	1139	1142	1155.7.23	17
	1144.3.24	天養	Tenyô						
	1145.7.22	久安	Kiuan						
	1151.1.26	仁平	Nimpiô Nimpei						
	1154.10.28	久壽	Kiujiu						
78	1156.4.27	保元	Hôgen	後白河天皇 雅仁	Go-Shirakawa Tennô. Go-Shirakawa no In (Masahito). [abdicated in 1158.]	1127	1156	1192.3.13	66

79	1159.4.20	平治	Bióji † Heiji	二條天皇 守仁	Nijô Tennô Nijô no In (Morihito).	1143	1159	1165.7.28	23
	1160.4.11	永暦	Yôriaku Yeireki						
	1161.9.4	應保	Ohô						
	1163.3.29	長寛	Chôgu- an Chôku- an						
	1165.6.5	永萬	Yôman Yeiman						
80	1166.8.27	仁安	Ninan	六條天皇 順仁	Rokujô Tennô Rokujô no In (Nobuhito). [abdicated 1168.]	1164	1166	1176.7.18	13
81	1169.4.8	嘉應	Kaô	高倉天皇 憲仁	Takakura Ten- nô Takakura no In (Norihito). [abdicated in 1180.]	1161	1169	1181.1.14	21
	1171.4.21	承安	Shôan Jôan						
	1175.7.28	安元	Angen						
	1177.8.4	治承	Jishô						
82	1181.7.14	養和	Yôwa	安徳天皇 言仁	Antoku Tennô ‡ (Tokihito).	1178	1181	1185.3.24	8
	1182.5.27	壽永	Jiuyei						
	1184.4.16	元暦	Genriaku						
83	1185.8.14	文治	Bunji	後鳥羽天皇 尊成	Go-Toba Ten- nô Go-Toba no In (Takahira) [abdicated in 1198.]	1180	1185	1239.2.22	60

† The authority for the pronunciation Bióji is doubtful.
‡ According to some historians, Antoku became emperor in 1180.

	1190.4.21	建久	Kenkiu					
84	1199.4.22	正治	Shôji	土御門天皇 爲仁	(Tsuchimikado Tennô { Tsuchimikado (no In (Tamehito). [abdicated 1210.]	1195	1199	1231.9.12	37
	1201.2.13	建仁	Kennin					
	1204.2.20	元久	Genkiu					
	1206.4.27	建永	{Kenyô ¥Kenyei					
	1207.10.25	承元	Jôgen					
85	1211.3.9	建暦	Kenriaku	順徳天皇 守成	(Juntoku Ten- { nô (Juntoku no In (Morinari). [abdicated 1221.]	1197	1211	1242.9.12	46
	1213.12.6	建保	Kempô					
	1219.4.12	承久	{ Jôkiu (Shôkiu					
86				仲恭天皇又 九條天皇 成懐	ChiuKiô Tennô also Kujô Haitei (Kanenari).	1218	1221	1234.5.20	17
87	1222.4.13	貞應	Jôô	後堀河天皇 茂仁	(Go-Horikawa { Tennô { Go-Horikawa (no In (Toyohito). [abdicated 1232.]	1212	1222	1234.8.6	23
	1224.11.20	元仁	Gennin					
	1225.4.20	嘉祿	Karoku					
	1227.12.10	安貞	Antei					

	Name.	Birth.	Appointment.	Death.
頼朝	Yoritomo.	1147	1192	1199
頼家	Yoriiye.	1182	1202	1204
實朝	Sanctomo.	1192	1203	1219
藤原頼經	Fujiwara no Yoritsune.	1218	1226	1256

	1229.3.5	寛喜	{ Kuangi {Kuanki						
	1232.4.2	貞永	{ Jôyô Jôyei						
88	1233.4.5	天福	Tempuku	四條天皇 秀仁	{ Shijô Tennô { Shijô no In (Mitsuhito).	1231	1233	1242.1.8	12
	1234.11.5	文暦	{ Mon - riaku						
	1234.11.5		{ Bunre- ki						
	1235.9.19	嘉禎	Katei						
	1238.11.23	暦仁	{ Riaku- nin Reki- nin						
	1239.2.7	延應	Yenô						
	1240.7.16	仁治	Ninji						
89	1243.2.26	寛元	Kuangen	後嵯峨天皇 邦仁	{ Go-Saga Tennô Go-Saga no In (Kunihito). [abdicated 1246.]	1220	1243	1272.2.17	53
90	1247.2.28	寶治	Hôji	後深草天皇 久仁	{ Go-Fukakusa Tennô Go-Fukakusa no In (Hisahito). [abdicated in 1259.]	1243	1247	1304.7.16	62
	1249.3.14	建長	Kenchô						
	1256.10.5	康元	Kôgen						
	1267.3.14	正嘉	Shôka						
	1259.3.16	正元	Shôgen						

藤原頼嗣	Fujiwara no Yoritsugu.	1239	1244	1256
宗尊親王	Munetaka Shinnô.	1242	1252	1274

91	1260.4.13	文應	Bunô	龜山天皇 恒仁	Kameyama Tennô / Kameyama no In (Tsunehito). [abdicated in 1274.]	1249	1260	1305.9.15	57
	1261.2.20	弘長	Kôchô						
	1264.2.28	文永	Bunyei						
92	1275.4.25	建治	Kenji	後宇多天皇 世仁	Go-Uda Tennô / Go-Uda no In (Yohito). [abdicated in 1287.]	1267	1275	1324.6.25	58
	1278.2.29	弘安	Kôan						
93	1288.4.28	正應	Shôô	伏見天皇 熈仁	Fushimi Tennô / Fushimi no In (Hirohito). [abdicated in 1298.]	1265	1288	1317.9.3	53
	1293.8.5	永仁	Yeinin						
94	1299.4.25	正安	Shôan	後伏見天皇 胤仁	Go-Fushimi Tennô / Go-Fushimi no In (Tanehito). [abdicated in 1301.]	1288	1299	1336.4.6	49
95	1302.11.21	乾元	Kengen	後二條天皇 邦治	Go-Nijô Tennô / Go-Nijô no In (Kuniharu).	1285	1302	1308.8.25	24
	1303.8.5	嘉元	Kagen						
	1306.12.24	徳治	Tokuji						
96	1308.10.19	延慶	{ Yenkiô / Yenkei }	花園天皇 富仁	Hanazono Tennô / Hanazono no In (Tomihito). [abdicated in 1318.]	1297	1308	1348.11.11	52

惟康親王	Koreyasu Shinnô	1264	1266	1326
久明親王	Hisaakira Shinnô	1274	1289	1328
守邦親王	Morikuni Shinnô	1301	1308	1333

	1311.4.28	應長 Ochô						
	1312.3.20	正和 Shôwa						
	1317.2.3	文保 Bumpô						
97	1319.4.28	元應 Genô	後醍醐天皇 尊治	{ Go-Daigo Tennô Go-Daigo no In (Takaharu).	1288	1319	1339.8.16	52
	1321.2.23	元亨 Genkô						
	1324.12.9	正中 Shôchiu						
	1326.4.26	嘉曆 { Karia-ku / Kareki }						
	1329.8.29	元德 Gentoku						
	1331.8.8	元弘 Genkô						
	1334.1.29	建武 Kemmu						
	1336.2.29	延元 Yengen						
98			後村上天皇 義良	Go-Murakami Tennô (Yoshinaga).	1328	1339	1368.3.11	41
	1340.4.28	興國 Kô-koku						
	1346.12.8	正平 Shôhei						
99			後龜山天皇 凞成	Go-Kameyama Tennô (Norinari). [abdicated in 1392.]	1347	1368	1424.4.12	78
	1370.7.24	建德 Kentoku						

護良親王 大塔宮	Moriyoshi Shinnô (Ôtô no Miya).	1302	1333	1335.7.17
成良親王	Nariyoshi Shinnô	.	1334	1338.1
尊氏 等持院	Takauji † (Tôji-In).	1305	1338	1356.4.29
義詮 寶篋院	Yoshinori (Hôkiô-In).	1330	1358	1367.12.7
義滿 鹿苑院	Yoshimitsu (Rokuon-In).	1358	1368	1408.5.6

† Only Seii-Shôgun

	1372.3.22	文中	Bunchiu						
	1375.	天授	Tenjiu						
	1381.	弘和	Kôwa						
	1384.4.28	元中	Genchiu						
100				後小松天皇 幹仁	Go-Komatsu Tennô / Go-Komatsu no In (Motohito). [abdicated in 1412.]	1377	1393	1433.10.20	57
	1394.7.5	應永	Ôyei						
101				稱光天皇 實仁	Shôkô Tennô / Shôkô no In (Mihito).	1401	1413	1428.7.20	28
	1428.4.27	正長	Shôchô						
102	1429.9.5	永享	Yeikiô	後花園天皇 彦仁	Go-Hanazono Tennô / Go-Hanazono no In (Hikohito). [abdicated 1464.]	1419	1429	1470.12.27	52
	1441.2.17	嘉吉	Kakitsu						
	1444.2.5	文安	Bunan						
	1449.7.28	寶德	Hôtoku						
	1452.7.25	亨德	Kôtoku						
	1455.7.25	康正	Kôshô						
	1457.9.28	長祿	Chôroku						
	1460.12.21	寬正	Kuanshô						

義持　勝定院	Yoshimochi. (Shôtei-In).	1386	1394	1428.1.18
義量　長德院	Yoshikazu (Chôtoku-In).	1407	1423	1425.2.27
義教　普廣院	Yoshinori (Fukô-In).	1394	1429	1441.6.24
義勝　慶雲院	Yoshikatsu (Keiun-In).	1434	1441	1443.7.21
義政　慈照院	Yoshimasa (Jishô-In).	1436	1449	1490.1.7

103				後土御門 成仁	Go-Tsuchi-mi- kado Tennô Go-Tsuchi-mi- kado no In (Fusahito).	1442	1465	1500.9.28	59
	1466.2.28	文正	Bunshô					
	1467.3.5	應仁	Ônin					
	1469.4.28	文明	Bummei					
	1487.7.20	長亨	Chôkô					
	1489.8.21	延德	Yentoku					
	1492.7.19	明應	Meiô					
104	1501.2.29	文龜	Bunki	後柏原天皇 勝仁	Go - Kashiwa- bara Tennô Go - Kashiwa- bara no In (Katsuhito).	1464	1501	1526.4.7	63
	1504.2.30	永正	Yeishô					
	1521.8.23	大永	Daiyei					
105				後奈良天皇 知仁	Go-Nara Ten- nô Go-Nara no In (Tomohito).	1496	1527	1557.9.5	62
	1528.8.20	亨祿	Kôroku					
	1532.7.29	天文	Tembun					

義尚 常徳院	Yoshihisa (Jôtoku-In).	1465	1472	1489.3.26
義材	Yoshiki	1466	1490	~~1523~~
義澄 法住院	Yoshizumi (Hôjiu-In).	1479	1494 ÷	1511.8.14
義植 恵林院	Yoshitane † (Keirin-In).	1466	1508	1523.4.9
義晴 萬松院	Yoshiharu (Manshô-In).	1511	1521	1550.5.4
義輝 光源院	Yoshiteru (Kôgen-In).	1536	1546	1565

† Yoshiki restored under this name.

106	1555.10.23 弘治 Kôji 1558.2.28 永禄 Yeiroku		正親町天皇 方仁 { Ôgimachi Tennô Ôkimachi no In (Shigehito). [abdicated in 1586.]	1519	1558	1593.1.5	75
107	1570.4.23 元亀 Genki 1573.7.28 天正 Tenshô 1592.12.18 文禄 Bunroku 1596.11.27 慶長 { Kiôchô Keichô		後陽成天皇 周仁 { Go-Yôzei Tennô Go-Yôzei In (Katahito). [abdicated in 1611.]	1571	1587	1617.8.26	47
108	1615.7.13 元和 Genwa		後水尾天皇 政仁 { Go-Midzunoö Tennô Go-Midzunoö In (Kotohito). [abdicated in 1629.]	1596	1612	1680.8.19	85

義栄 大智院	Yoshihide (Daichi-In).		1568	1568
義昭 霊陽院	Yoshiaki (Reiyô-In).	1537	1568	1597.8.28
家康 東照宮	Iyeyasu (Tôshô-Gû).	1543	1603	1616.4.17
秀忠 台徳院	Hidetada (Taitoku-In).	1579	1605	1632.1.24
家光 大猷院	Iyemitsu (Taiyû-In).	1604	1623	1651.4.20

	1624.2.30	寛永	Kuanyei					
109				明正天皇 興子	Meishô Tennô * (Okiko). [abdicated in 1642.]	1623	1630	1696.11.10	74
110	1644.12.16	正保	Shôho	後光明天皇 紺仁	Go-Kômiô Tennô (Tsuguhito).	1633	1644	1654.9.20	22
	1648.2.15	慶安	Keian					
	1652.9.18	承應	{ Jôô { Shô-ô					
111	1655.4.13	明曆	Meireki	後西天皇 良仁	{ Go-Sai Tennô { Go-Sai-In (Nagahito). [abdicated in 1663.]	1637	1655	1685.2.22	49
	1658.4.13	萬治	Manji					
	1661.4.25	寛文	Kuambum					
112				靈元天皇 識仁	Reigen Tennô (Satohito). [abdicated in 1686.]	1654	1663	1732.8.6	79
	1673.9.21	延寶	Yempô					
	1681.9.29	天和	Tenwa					
	1684.2.21	貞享	Jôkiô					
113				東山天皇 朝仁	Higashiyama Tennô (Asahito).	1675	1687	1709.12.17	35
	1688.9.30	元祿	Genroku					
	1704.4.13	寶永	Hôyei					
114				中御門天皇 慶仁	{ Naka-no-Mi- kado Tennô { Naka-no-Mi- kado no In (Yasuhito). [abdicated in 1735.]	1701	1710	1737.4.11	37

* Empress.

家綱 嚴有院	Iyetsuna (Genyû-In).	1641	1651	1680.5.8
綱吉 常憲院	Tsunayoshi (Jôken-In).	1646	1680	1709.1.10
家宣 文昭院	Iyenobu (Bunshô-In).	1662	1709	1713.10.14

	1711.4.25	正徳	Shôtoku						
	1716.6.23	享保	Kiôhô						
115	1736.4.28	元文	Gembun	櫻町天皇 昭仁	Sakuramachi Tennô (Akihito). [abdicated in 1747.]	1720	1736	1750.4.23	31
	1741.3.3	寛保	Kuampó						
	1744.2.21	延享	Yenkiô						
116				桃園天皇 遐仁	Momozono Tennô Momozono In (Tohohito).	1741	1747	1762.7.12	22
	1748.7.24	寛延	Kuauyen						
	1751.10.28	寳暦	Hôreki						
117				後櫻町天皇 智子	Go-Sakuramachi Tennô * (Toshiko). [abdicated 1770.]	1740	1763	1813. int. 11.2	74
	1764.6.19	明和	Meiwa						
118				後桃園天皇 英仁	Go-Momozono Tennô (Hidehito).	1758	1771	1779.10.29	22
	1772.11.16	安永	Anyei						
119				光格天皇 兼仁	Kôkaku Tennô (Tomohito). [abdicated in 1817.]	1771	1780	1840.11.19	70

* Empress.

家繼 有章院	Iyetsugu (Yûshó-In).	1709	1713	1716.4.30
吉宗 有德院	Yoshimune (Yûtoku-In).	1684	1716	1751.6.20
家重 惇信院	Iyeshige (Junshin-In).	1711	1745	1761.6.12
家治 浚明院	Iyeharu (Shinmei-In).	1737	1760	1786.9.4

	1781.4.6	天明	Temmei						
	1789.5.11	寛政	Kuansei						
7	1807.2.21	享和	Kiôwa						
	1804.2.27	文化	Bunkua						
120				仁孝天皇 恵仁	Ninkô Tennô (Ayahito).	1800	1817	1846.1.26	47
	1818.4.22	文政	Bunsei						
	1830.12.10	天保	Tempô						
	1844.12.3	弘化	Kôkua						
121				孝明天皇 統仁	Kômei Tennô (Osahito).	1831	1847	1866.12.25	37
	1848.3.15	嘉永	Kayei						
	1854.11.23	安政	Ansei						
	1860.3.1	萬延	Manyen						
	1861.2.28	文久	Bunkiu						
	1864.3.1	元治	Genji						
	1865.4.16	慶應	Keiô		kinjo ue Ki				
122				今上皇帝 睦仁	Present Mikado (Mutsuhito).	1852	1867		
	1868.9.8	明治	Meiji						

家齊 文恭院	Iyenari (Bunkiô-In).	1773	1787	1841
家慶 慎德院	Iyeyoshi (Shintoku In).	1793	1838	1853.7.22
家定 温恭院	Iyesada (Oukiô-In).	1824	1853	1858.7.8
家茂 昭德院	Iyemochi (Shôtoku-In).	1846	1858	1866.8.11
慶喜	Yoshinobu (Usually called Keiki. Re signed 1867).	1838	1867	

TABLE V.
THE HOKUCHO OR NORTHERN COURT.

1332.3	正慶	Shôkiô / Shôkei	光巌天皇 量仁	Kôgon Tennô (Kazuhito).	1313	1332	1364.7.7	52
			光明天皇 豊仁	Kômiô Tennô / Komiô no In (Yutahito).	1321	1336	1380.6.24	60
1338.8.28	暦應	Riakuô / Rekiô						
1342.4.27	康永	Kôyei						
1345.8.3	貞和	Jôwa						
			崇光天皇 興仁	Sókô Tennô / Shukô In (Okihito).	1334	1349	1398.1.13	65
1350.1.27	觀應	Kuanô						
1352.9.27	文和	Bunwa	後光巌天皇 彌仁	Go-Kôgon Tennô / Go-Kôgon In (Iyahito).	1338	1352	1374.1.29	37
1356.3.28	延文	Yembun						
1361.3.9	康安	Kôan						
1362.9.20	貞治	Jôji						
1368.2.17	應安	Ôan						
			後圓融天皇 緒仁	Go-Yenyû Tennô / Go-Yenyû no In (Ohito).	1358	1372	1393.4.26	36
1375.2.27	永和	Yeiwa						
1379.2.3	康暦	Kôriaku / Kôreki						
1381.2.14	永徳	Yeitoku						
			後小松天皇 幹仁	Go-Komatsu Tennô / Go-Komatsu no In (Motohito).	1377	1383	1433.10.20	57
1384.2.27	至徳	Shitoku						
1387.2.23	嘉慶	Kakiô / Kakei						
1389.2.9	康應	Kôô						
1390.2.16	明徳	Meitoku						

On the 5th of the 10th month of 1392 the southern dynasty handed over the regalia to Go Komatsu, who was thenceforward recognized as the legitimate Mikado.

TABLE VI.
HISTORICAL NAME OF THE MIKADOS ARRANGED ALPHABETICALLY.

44

	Name.	From.	To.		Name.	From.	To.
28	Ankan	534	535	67	Ichijô	987	1011
21	Ankô	454	456	20	Ingiô	412	543
3	Annei	548	511	4	Itoku	510	477
82	Antoku	1181	1185	1	Jimmu	660	585
31	Bidatsu } Bindatsu }	572	585	15	Jingô Kôgô	201	269
				42	Jitô	690	696
42	Chidô	690	696	35	Jomei	629	641
14	Chiuai	192	200	54	Junna	824	833
86	Chiukiô	1221	1221	48	Junnin	758	764
61	Daigô	898	930	85	Juntoku	1211	1221
93	Fushimi	1288	1298	9	Kaikwa	157	98
14	Gemmiô	708	715	91	Kameyama	1260	1274
45	Genshô	715	723	12	Keikô	71	130
97	Go-Daigo	1319	1339	27	Keitai } Keitei }	507	531
90	Go-Fukakusa	1247	1259				
91	Go-Fushimi	1299	1301	24	Kenzô	485	487
102	Go-Hanazono	1429	1464	30	Kimmei	540	571
87	Go-Horikawa	1222	1232	6	Kôan	392	291
69	Go-Ichijô	1017	1036	40	Kôbun	672	672
99	Go-Kameyama	1368	1392	8	Kôgen	214	158
104	Go-Kashiwabara	1501	1526	36	Kôgioku	642	645
*	Go-Kôgon	1352	1371	*	Kôgon	1332	1335
*	Go-Komatsu	1383	1392	119	Kôkaku	1780	1817
100	Go-Komatsu	1392	1412	47	Kôken	749	758
110	Go-Kômiô	1644	1654	59	Kôkô	885	887
108	Go-Midzunoö	1612	1629	121	Kômei	1847	1866
118	Go-Momozono	1771	1779	*	Kômiô	1336	1348
98	Go-Murakami	1319	1368	50	Kônin	770	781
105	Go-Nara	1527	1557	77	Konye	1142	1155
95	Go-Nijô	1302	1308	7	Kôrei	290	215
71	Go-Reizei	1046	1068	5	Kôshô	475	393
89	Go-Saga	1243	1246	37	Kôtoku	645	654
111	Go-Sai	1655	1663	51	Kuammu	782	806
117	Go-Sakuramachi	1763	1770	66	Kuaza } Kuazan }	985	986
72	Go-Sanjô	1069	1073				
78	Go-Shirakawa	1156	1158	109	Meishô	1630	1643
70	Go-Shujaku } Go-Sujaku }	1037	1045	43	Mommu	697	707
				116	Momozono	1747	1762
83	Go-Toba	1183	1198	56	Mondoku } Montoku }	851	858
103	Go-Tsuchimikado	1465	1500				
92	Go-Uda	1275	1287	63	Murakami	947	967
*	Go-Yenyû	1372	1382	26	Muretsu	499	506
107	Go-Yôzei	1587	1611	114	Nakanomikado	1710	1735
96	Hanazono	1308	1318	79	Nijô	1159	1165
19	Hanshô } Hanzei }	406	411	55	Nimmiô	834	850
				25	Ninken	488	498
52	Heizei	806	809	120	Ninkô	1817	1846
113	Higashiyama	1687	1709	17	Nintoku	313	399
74	Horikawa	1087	1107	106	Ogimachi	1558	1586

* The *Mikados* before whose name an asterisk is placed belong to the northern Court (*Hokuchô*) and are not considered as belonging to the legitimate line of succession.

16	Ôjin	270	310	76	Shutoku	1124	1141
106	Okimachi	1558	1586	*	Sôkô	1349	1352
112	Reigen	1663	1686	34	Suiko	593	628
64	Reizei	968	969			B. C.	A. D.
18	Richiu	400	405	11	Suinin	29	70
80	Rokujô	1166	1168	2	Suizei	581	549
53	Saga	810	823	32	Sujaku	931	946
38	Saimei	655	661	10	Sûjin	97	30
115	Sakuramachi	1736	1747	33	Sujun	588	592
68	Sanjô	1012	1015	76	Sutoku	1124	1141
13	Seimei	131	190	81	Takakura	1169	1180
23	Seinei	480	484	41	Temmu	673	686
57	Seiwa	859	876	39	Tenchi	668	671
29	Senkua	536	539	75	Toba	1108	1123
88	Shijô	1233	1242	84	Tsuchimikado	1199	1210
73	Shirakawa	1073	1086		Tsunuzashi	484	484
101	Shôkô	1411	1428	60	Uda	888	897
46	Shômu	724	748	65	Yenyû	970	984
49	Shôtoku	765	770	32	Yômei	586	587
*	Shukô	1349	1352	58	Yôzei	877	884
62	Shujaku	931	946	22	Yûriaku	457	459
10	Shujin	97	30				

TABLE VII.
RESIDENCES OF THE EARLIER MIKADOS.

Akira	明	Jingô Kôgô	201	269
Akitsushima	秋津洲	Kôan	392	291
Anaho	穴穗	Ankô	454	456
Asakura	朝倉	Yûriaku	457	459
Asukagawara	飛鳥河原	Kôgioku	642	645
"		Saimei	655	661
Chikatsu-Asuka	近飛鳥	Kenzô	485	487
Fujiwara	籐原	Jitô	690	696
"		Mommu	697	707
Fukuwara	福原	Takakura	1169	1170
Hijiro	日代	Keikô	71	130
Hinokuma	檜隈	Senkua	536	539
Hirotaka	廣高	Ninken	488	498
Hora	保頁	Junnin	758	764
Ihori	庵入	Senkua	536	539
Ihorido	廬戶	Kôrei	290	215
Ikegokoro	池心	Kôshô	475	393
Ikenobe	池邊	Yômei	586	587
Itabuki	板蓋	Kôgioku	642	645
"		Saimei	655	661
Izakawa	率川	Kaikua	157	98
Kanahashi	金橋	Ankan	534	535
Kanazashi	金刺	Kimmei	540	571
Kashihi	橿日	Chiuai	192	200
Kashiwara	橿原	Jimmu	660	585
Kehi	笥飯	Chiuai	192	200

Kiyomibara	清見原	Temmu	673	686
Kuni	恭仁	Shômu	724	728
Kurahashi	倉梯	Sujun	588	592
Kuruda	黑田	Kôrei	290	215
Magario	曲岐	Itoku	510	477
Midzugaki	瑞籬	Sûjun	97	30
Mikakuri	甕栗	Seinei	480	484
Nagaoka	長岡	Kuammu	782	806
Namiki	列城	Muretsu	499	506
Namitsuki	雙槻	Yômei	586	587
Nara	平城	Gemmiô	708	715
"		Genshô	715	723
"		Kôken	749	758
"		Shôtoku	765	770
"		Kônin	770	782
Ohotsu (Ôtsu)	大津	Tenchi	770	781
Okamoto	岡本	Jomei	629	641
Osada	譯狹田	Bidatsu	572	585
Owarida	小治田	Suiko	593	628
Sakaibara	境原	Kôgen	214	158
Sakaio	境岡	Itoku	510	477
Sakitama	幸玉	Bidatsu	572	585
Shibagaki	柴垣	Hanshô	406	411
Shiga	滋賀	Shômu	724	748
Shikishima	磯城島	Kimmei	540	571
Tajihi	丹比	Hanshô	406	411

Taka-anaho	高穴穗	Seimu	131	190
Takaoka	高岡	Suizei	581	549
Takatsu	高津	Nintoku	313	399
Tamaho	玉穗	Keitai	507	531
			B. C.	A. D.
Tamaki	珠城	Suinin	29	70
Tôtsu-Asuka	遠飛鳥	Ingiô	412	453
Toyoakira	豐明	Ôjin	270	310
Toyora	豐浦	Chiuai	192	200
Toyosaki	豐崎	Kôtoku	645	654
Ukiana	浮穴	Annei	548	511
Wakasakura	稚櫻	Jingô Kôgô	201	269
"	稚櫻	Richiu	400	405
Wakinokami	掖上	Kôshô	475	393
Yatsuri	八釣	Kenzô	485	487

TABLE VIII.
ALTERNATIVE NAMES OF CERTAIN MIKADOS.

Kashiwabara no Mikado	Kuammu Tennô
Fukakusa "	Nimmiô "
Tamura "	Montoku "
Komatsu "	Kôkô "
Nara "	Heizei "
Midzunoö "	Seiwa "
Yengi "	Daigo "
Teizu-In "	Uda "
Hora no Miya	Junnin "
Sai-In no Mikado	Junna "

TABLE IX.
HISTORICAL AND POSTHUMOUS NAMES OF THE SHOGUNS, ARRANGED ALPHABETICALLY.

Name.	From.	To.	Name.	From.	To.
Bunkiô-In	1787	1838	Reiyô-In	1568	1597
Bunshô In	1709	1713	Rokuon-In	1368	1394
Chôtoku-In	1423	1425	Sanetomo	1203	1219
Daichi-In	1568	1568	Shimmei-In	1760	1786
Fukô-In	1429	1441	Shintoku-In	1838	1853
Genyû-In	1651	1680	Shôtei-In	1394	1423
Hidetada	1605	1623	Shôtoku-In	1858	1866
Hisaakira	1289	1308	Takauji	1338	1356
Hôjiu-In	1494	1508	Taitoku-In	1605	1632
Hôkiô-In	1358	1367	Taiyû-In	1623	1650
Iyeharu	1760	1786	Tôji-In	1338	1356
Iyemitsu	1623	1650	Tôshô-Gû	1603	1605
Iyemochi	1858	1866	Tsunayoshi	1680	1709
Iyenari	1787	1838	Yoriiye	1202	1203
Iyenobu	1709	1713	Yoritomo	1192	1199
Iyesada	1853	1858	Yoritsugu	1244	1250
Iyeshige	1745	1760	Yoritsune	1226	1243
Iyetsugu	1713	1716	Yoshiaki	1568	1597
Iyetsuna	1651	1680	Yoshiharu	1521	1546
Iyeyasu	1603	1605	Yoshihide	1568	1568
Iyeyoshi	1838	1853	Yoshihisa	1472	1489
Jishô-In	1449	1472	Yoshikatsu	1441	1443
Jôken-In	1680	1709	Yoshikazu	1423	1425
Jôtoku-In	1472	1489	Yoshiki	1490	1494
Junshiu-In	1745	1762	Yoshimasa	1449	1472
Keiki	1867	1868	Yoshimitsu	1368	1394
Keirin-In	{ 1490 { 1508	1494 1521	Yoshimochi	1394	1423
			Yoshimune	1716	1745
Keiun-In	1441	1443	Yoshinobu	1867	1868
Kôgen-In	1546	1565	Yoshinori	1358	1367
Koreyasu	1266	1289	Yoshinori	1429	1441
Maushô-In	1521	1546	Yoshitane	1508	1521
Morikuni	1308	1333	Yoshiteru	1546	1565
Moriyoshi	1333	1334	Yoshizumi	1494	1508
Munetaka	1252	1266	Yushô-In	1713	1716
Nariyoshi	1334	1338	Yûtoku-In	1716	1745
Onkiô-In	1853	1858			

TABLE X.

THE REGENTS *(SHIKKEN)* OF THE HOJO (北條) FAMILY, UNDER THE *KAMAKURA* SHOGUNS.

	Name.	Born.	Died.
時政	Tokimasa	1137 Apptd.	1216
義時	Yoshitoki	1205	1227
泰時	Yasutoki	1225	1242
經時	Tsunetoki	1243	1263
時賴	Tokiyori	1246	1263
時宗	Tokimune	1261	1284
貞時	Sadatoki	1284	1311
師時	Morotoki	1301	1311
高時	Takatoki	1312	1333

www.ingramcontent.com/pod-product-compliance
Lightning Source LLC
Chambersburg PA
CBHW020144170426
43199CB00010B/880